QUELQUES MOTS

SUR

LES EMPRUNTS

DU GOUVERNEMENT

CONSTITUTIONNEL ESPAGNOL.

Imprimerie de J. M. BOURSY, place de la Fromagerie.

QUELQUES MOTS

SUR

LES EMPRUNTS

DU GOUVERNEMENT

CONSTITUTIONNEL ESPAGNOL.

Par L. B.

A LYON,

CHEZ **FAVÉRIO**, LIBRAIRE, RUE LAFOND, N°. 6.

A PARIS,

CHEZ { **PONTHIEU**, LIBRAIRE, PALAIS-ROYAL ;
{ **BECHET** AÎNÉ, LIBRAIRE, QUAI DES AUGUSTINS.

1823.

NOTICE

SUR LES EMPRUNTS

DU GOUVERNEMENT

CONSTITUTIONNEL ESPAGNOL.

LE Gouvernement Espagnol comptait quelques mois depuis sa régénération politique ; l'ancien système lui avait légué des finances en désordre et une dette considérable ; bien décidé à assurer le remboursement de cette dette, et obligé de pourvoir aux besoins de l'État, il se trouva pressé par la nécessité, ou d'augmenter les charges publiques, ou d'appeler, à l'exemple de ses voisins, le crédit à son secours. Il n'hésita pas à prendre ce dernier parti ; mais il sentit que, pour y recourir utilement, il devait franchement sonder la plaie et secouer, au milieu des ténèbres qui enveloppaient le trésor, le flambeau de la publicité. C'est à ces fins qu'il fit de la dette publique deux cathégories : dans la première, il rangea la dette dite intérieure, dont il arrêta le montant et au payement de laquelle il affecta les biens nationaux ; la dette extérieure composa la seconde cathégorie, il en assura le payement en capital et intérêts.

Cette opération terminée, le Gouvernement conclut, le 6 novembre 1820, avec une compagnie de maisons de banque de Paris (1), un emprunt de quinze millions de piastres fortes, soit de quatre-vingt-un millions de francs, remboursables dans l'espace de vingt-quatre années. Ce traité fait en vertu du décret des Cortès du 12 octobre 1820 et des pouvoirs spéciaux conférés par S. M. C. à son ministre secrétaire-d'état des finances, M. José Canga-Arguelles, affecte à la garantie du payement de cet emprunt, toute la fortune publique et notamment le produit des contributions directes.

Par autre traité du 22 novembre 1821, le ministre des finances d'Espagne a conclu un nouvel emprunt avec une seconde compagnie de maisons de banque de Paris et de Londres (2) ; cet emprunt, fait en vertu d'un décret des Cortès du 27 juin 1821 et des pouvoirs spéciaux de S. M. C. du 20 novembre suivant, est de sept cent mille piastres fortes de rente perpétuelle, représentant un capital de soixante-quinze millions six cent mille francs.

Ainsi l'importance effective de ces deux emprunts est, en capital, de cent cinquante-six

---

(1) MM. Jacques Laffite et C.e et MM. Ardoin, Hubbard et C.e.

(2) MM. Jacques Laffite et C.e de Paris, Ardoin Hubbard et C.e de Paris, et A. F. Haldiman et fils de Londres.

millions six cent mille francs, soit sept millions huit cent trente mille francs de rente.

La compagnie chargée de ce dernier emprunt a de plus été autorisée à faire convertir en rentes, sur le grand-livre Espagnol, les effets représentant ceux précédemment contractés par l'Espagne dans l'étranger ; de sorte, qu'en supposant que cette opération ait eu lieu pour la totalité de ces effets, le grand - livre Espagnol doit avoir été grevé, pour tous ces emprunts, d'une dépense annuelle d'environ trois millions et demi de piastres fortes; et s'il est juste d'ajouter à cette somme, les rentes postérieurement émises et provenant de plusieurs emprunts, tels que celui décrété le 29 juin 1822, et dont la plupart n'ont pas été réalisés ou ne l'ont été qu'en partie, il convient en échange, d'en déduire le montant des inscriptions rachetées par la caisse d'amortissement à laquelle le décret du 27 juin 1821 alloue une dotation annuelle de vingt-quatre millions de réaux, qui a été augmentée de un pour cent du montant des nouvelles créations de rentes : l'impôt sur les consommations fut exclusivement affecté à ce fonds d'amortissement, ainsi qu'au service des intérêts.

Les sommes provenant de ces emprunts, ont été versées dans les caisses du trésor public et employées, concurremment avec les recettes de l'état, soit au service de la liste civile de la couronne, soit aux dépenses courantes, soit au payement de la dette arriérée de l'ancien gouvernement.

On voit, par cet exposé, que ces emprunts faits par le gouvernement constitutionnel espagnol ne sont pas bien considérables ; les chauds partisans de la banqueroute n'en connaissaient certainement pas l'importance, lorsqu'ils prétendaient que l'Espagne ne devait pas les payer, parce qu'elle ne le pourrait pas. Ces gens, qui se proclament les seuls amis de leur pays, sont plus économes des finances espagnoles que des nôtres, car la guerre qu'ils ont tant sollicitée a grevé notre grand-livre d'une somme déjà plus considérable que celle à laquelle s'élèvent les divers emprunts faits par le gouvernement constitutionnel espagnol.

On va voir que cette Notice et ces réflexions ne sont pas étrangères à la conversation que je vais rapporter à ceux qui voudront bien me sacrifier un léger instant.

Je suivais, sur une carte d'Espagne, les mouve-
mens de notre armée; je la voyais recueillir avec
enthousiasme l'héritage de gloire que lui ont légué
nos vieux guerriers; j'apercevais l'ombre errante
de ceux qui restèrent au champ d'honneur, sourire
au courage de nos jeunes soldats! Je suivais pas
à pas le Prince généralissime qui les guide; calme,
il s'avance au milieu des passions et des haines
qui se disputent les restes d'un peuple à l'agonie;
conquérant pacificateur, il n'aspire qu'à la gloire
de rendre la vie et le bonheur à cette malheu-
reuse nation sur laquelle le ciel semble avoir versé
la coupe de sa vengeance. Six ans sans patrie, ce
peuple n'a brisé ses fers que pour s'en déchirer le
sein; il m'apparaissait comme un cadavre à demi
dévoré par l'inquisition, la peste et la guerre
civile..... J'en étais là de mes sombres réflexions,
quand un de mes anciens amis vint, fort heureusement, en interrompre le cours.

Cet ami, père de famille, de mœurs douces et
régulières, s'occupant fort peu de politique, n'en
parlant presque jamais, a pourtant l'habitude de
placer sa petite fortune dans les fonds publics;
employés en immeubles, ses capitaux ne lui pro-
duiraient pas un revenu suffisant pour élever sa
nombreuse famille; d'ailleurs, il a confiance aux

engagemens des Grands de la terre ; la hausse ou la baisse lui importent peu, parce qu'il ne joue pas ; qu'on lui paye sa rente, c'est tout ce qu'il demande, et, jusqu'ici, il n'a pas perdu une obole avec les gouvernemens, tandis qu'il a vu son ami M. R.**** ruiné par la faillite d'une des premières maisons de banque de la capitale ; M. C.****, riche propriétaire de biens ruraux qui, depuis trois ans sans récolte, est obligé de nourrir ses fermiers, au lieu de recevoir d'eux le prix de leurs fermes ; M. B.*** qui avait à Paris un hôtel magnifique qu'il a laissé dévorer par un incendie avant de l'avoir fait assurer.

Mon ami s'applaudissait donc tous les jours d'avoir su choisir d'aussi bons débiteurs ; il ne parlait qu'avec enthousiasme de ses bons amis les rois et les ministres....... Comme ils payent, me disait-il sans cesse et toujours avec une admiration nouvelle : un changeur ne ferait pas mieux ! la grêle ne tombe jamais sur les trésors publics ; le métal précieux qu'ils renferment est à l'abri du feu ; j'ai première hypothèque sur toutes les propriétés du pays dont je suis créancier, et je n'ai pas le désagrément de faire mettre en prison mon débiteur.

On devine déjà que mon ami est optimiste, et, comme tel, toujours joyeux et content ; ce n'est donc pas sans surprise que je le vois pâle, la mine allongée et semblable à-peu-près à un *baissier* qui voit hausser la rente...... Il se laisse tomber sur la chaise que je me hâte de lui présenter, et, pour toute réponse à mes nombreuses questions sur sa santé, sur l'état pénible où je le vois..... Lisez, me dit-il ; et il me donne une *Quotidienne* : lisez encore ; et il me donne un *Drapeau blanc* : lisez toujours, et il lance sur mon bureau une foule de journaux, sans que je puisse obtenir de lui un seul mot d'éclaircissement sur cette scène comi-tragique ; après cependant quelques instans de repos, il me dit :

J'ai, vous le savez, quelques coupons de rente d'Espagne achetés, en août 1822, à 63 p. $^{0}/_{0}$; l'espoir de faire un placement avantageux est, à coup sûr, si ma mémoire est bonne, la seule raison qui m'a déterminé ; c'est par la même raison que j'ai acheté, il y a peu d'années et à-peu-près au même taux, quelques inscriptions de rente de mon pays, alors que des orages politiques avaient allarmé ses créanciers et compromis son crédit, alors que l'avenir de la France, ainsi qu'aujourd'hui celui de l'Espagne, se cachait dans les replis de la diplomatie européenne. J'hésitais pourtant, vous devez vous le rappeler, en songeant au délabrement des finances de l'Espagne, à la perte de ses colonies, nourrices malheureuses qui se sont enfin lassées de languir dans les langes de la servitude ; à l'indolence trop naturelle de sa population qui, comptant sur ses richesses d'outre-mer, néglige celles que lui cache un sol qui ne demande qu'à être cultivé....... C'était le mauvais côté de mon affaire ; mais hélas ! vous me rassurâtes, en me rappelant

le peu d'importance des emprunts auxquels je venais, pour ainsi dire, m'associer; en énumérant
les ressources du crédit assis sur un bon système
de finances ; en me faisant espérer que la révolution espagnole, vierge des crimes qui ont souillé
la nôtre, et puissamment aidée de la voix de la
nécessité, arracherait cette nation généreuse à sa
mortelle apathie, donnerait à son industrie l'élan
que notre révolution a communiqué à la nôtre, et
lui ferait sentir les avantages du commerce, pour
lequel la nature semble l'avoir placée à dessein au
milieu des mers qui la pressent comme une riche
ceinture.

C'en était trop pour me déterminer. Je donnai
à mon agent-de-change l'ordre fatal ; je rangeai
soigneusement dans mon porte-feuille mes *Certi-
ficacion de renta cinco por ciento consolidados*,
et annonçai joyeusement à toute ma famille la
bonne affaire que je venais de conclure, en met-
tant le gouvernement Espagnol au nombre de mes
illustres débiteurs.

Antoine (1) que vous connaissez, mon brave,

---

(1) Les Bons espagnols ont circulé en abondance parmi
les ouvriers et autres individus de la classe pauvre et in-
dustrieuse de Paris, au point que les petites coupures, plus
à leur portée, se sont négociées et se négocient peut-être encore à 1 et 2 p.^{x} % au-dessus du cours ordinaire.

Les ouvriers qui, sur le produit de leur travail journalier,
prélèvent des économies qu'ils font ensuite fructifier en les

mon fidèle Antoine, qui, après m'avoir élevé, élève à leur tour mes six enfans ; Antoine qui m'avait entendu énumérer les avantages de l'opération dont je m'applaudissais, me tire à part et me dit : Monsieur, j'ai deux mille écus, fruit de quarante ans d'économie, je ne les ai jamais placés, parce qu'il m'a toujours semblé que si je les laissais sortir de leur cachette ils n'y rentreraient plus ; votre exemple pourtant me séduit, et je crois que je ne ferais pas mal de prêter aussi au roi d'Espagne la moitié de mes économies........ qu'en pensez-vous ? Il m'eût été difficile d'empêcher Antoine de suivre son idée ; j'aurais eu mauvaise grâce à le détourner d'une affaire que je venais de prôner avec feu ; mon pauvre Antoine me donne donc ses mille écus, que je mets aussi en cinq pour cent consolidés espagnols.

Cependant la guerre éclate, nos bons fléchissent rapidement, mais j'avais vu tant de variations dans la rente française, que cette baisse subite fit peu d'impression sur mon esprit, bien décidé que j'étais à conserver ma rente espagnole. C'est dans ces dispositions que j'arrive au 1.er mai 1823 ; je détache mes petits coupons d'intérêts, je les présente chez M. Laffite qui me les paye comme la

---

plaçant dans les fonds publics ou autrement, nous paraissent, dans cette classe, des gens fort estimables et dignes de toute la protection du gouvernement ; le prix de la sueur est sacré comme le denier de la veuve.

meilleure lettre de change. J'étais aux anges , je bénissais tous les rois de la terre et sur-tout celui de l'Espagne qui me payait gracieusement mon semestre , quoique mon pays fût en guerre avec le sien ; Antoine eût sauté de joie si ses soixante ans le lui eussent permis , il se hâta d'aller réunir ses intérêts à son petit trésor ; jamais argent , disait-il, ne lui avait coûté si peu à gagner ; il me priait de donner à la seconde moitié de ses épargnes, la destination suivie par la première , quand , fort heureusement , le petit voyage que j'ai été subitement obligé de faire , l'a détourné de ce projet.

Jugez , mon cher ami, de ma douleur , jugez du désespoir d'Antoine , lorsqu'en route , j'ai lu successivement la lettre du ministre des finances de la régence d'Espagne , les articles que voici de la *Quotidienne*, du *Drapeau-Blanc* , la correspondance de M. le comte Achille de Jouffroy qui, à ce qu'on assure, a conclu avec la régence de Madrid un emprunt , mais sous la *condition expresse* qu'on ne payerait pas ceux contractés par les Cortès et le Roi d'Espagne.

Ma femme qui , comme vous le pensez très-bien , ne lit pas les journaux , ne sait rien de tout cela ; jamais je n'aurai le courage de le lui apprendre, moi qui lui ai tant vanté mon excellente opération. Lisez, mon ami, toutes ces feuilles et vous verrez qu'on prétend que je n'ai rien prêté, que j'ai fait une gageure , que ma gageure est perdue , et conséquemment que je n'ai rien à ré-

clamer....... Une gageure ! moi père de famille ,
qui me ferais scrupule de jouer ma demi-tasse !....
C'est une infamie.... mais allez toujours ; voyez le
Drapeau-Blanc ; à l'en croire , je dois m'estimer
fort heureux d'en être quitte pour mon argent ;
pour me faire justice, on devrait me mettre en
rapport direct avec la sainte-inquisition et m'apprendre, par-là , à venir au secours des frères et
amis , les révolutionnaires , les carbonari , les ra-
dicaux , les libéraux et bien d'autres encore.....
Pour cette fois-ci pourtant on veut bien me par-
donner , pourvu que je perde mon argent de
bonne grâce, et que je fasse un auto-da-fé de mes
pauvres *cinco por ciento consolidados*. Toutes
les feuilles que je viens de vous remettre , affirment que je dois me décider à ce sacrifice :

Soit parce que le gouvernement constitutionnel
espagnol était illégal et révolutionnaire quand il a
emprunté ;

Soit parce que le roi Ferdinand n'était pas libre ;

Soit parce qu'en reconnaissant ces emprunts, on
assurerait aux révolutionnaires à venir les moyens
d'en contracter de nouveaux et de multiplier ainsi
les révolutions ;

Soit enfin parce qu'en me payant , l'Espagne
diminuerait sa fortune et son crédit.

Ces feuilles osent même avancer que notre auguste monarque a eu très-grand tord de payer
l'arriéré , que Ferdinand doit bien se garder d'i-
miter un aussi funeste exemple , que pour expier

ses torts , Louis XVIII , loin d'intervenir pour ses sujets créanciers , doit au contraire faire ses efforts pour que l'Espagne leur fasse banqueroute ; et qu'il faut ainsi que, pour la plus grande gloire de Dieu , et selon les pieuses et charitables conditions de M. le comte de Jouffroy , je perde mon argent , et ne mot dise.

Vous voyez , mon ami , que c'est le cas, ou jamais , de s'écrier : ô vanité , des vanités ! ô imprévoyance humaine ! je croyais avoir bien calculé toutes les chances défavorables de mon opération ; et je n'avais songé ni à la *Quotidienne*, ni au *Drapeau-Blanc* , ni à M. le comte Achille de Jouffroy.....

— Et comment, mon vieux et brave ami, m'écriai-je alors , comment auriez-vous pu prévoir que des écrivains français emploieraient les ressources de leur furibonde éloquence, pour engager l'Espagne à faillir à leurs compatriotes !.... Comment auriez-vous pu prévoir, qu'un homme se trouvât, qui dirait à la régence de Madrid : je vous prêterai , mais sous la condition expresse que vous forcerez le Roi que vous représentez, à faire banqueroute ; à ruiner dix mille de mes compatriotes ; à faire perdre à la France, à mon pays 150 ou 200 millions : une si honteuse immoralité peut-elle venir à l'idée d'un homme bon et honnête comme vous (1) !

---

(1) Je doute fort que M. Achille de Jouffroy se soit cou-

Mais soyez tranquille, mon ami, si la justice et la bonne foi étaient bannies de la terre, on devrait, a dit l'illustre et loyal prisonnier d'Edouard III, les retrouver sur les lèvres et dans le cœur des rois ; que les perfides conseillers de Ferdinand ajournent leurs sataniques jouissances ; qu'ils courbent leurs fronts sous la honte qu'ils ont eu le lâche courage d'affronter ; leurs avis seront méprisés ; j'estime trop les rois qu'ils outragent par de semblables conseils, pour craindre qu'il en soit autrement ; Ferdinand saura préférer à ces avis, ceux de son auguste parent. Eh quoi! Louis XVIII a rempli les engagemens pris par l'état pendant son double exil, et le jeune souverain des Espagnes foulerait aux pieds les siens propres ! il ne resterait donc plus dans ses veines une seule goutte du sang d'Henri IV ! Non, on ne le verra jamais, comme Louis XI, d'hypocrite et féroce mémoire, mépriser ses traités en

---

vert d'une semblable infamie, et bien que, dans sa discussion avec M. Pictet, il n'ait ni avoué, ni dénié les conditions secrètes qu'on lui reproche, je me refuserai, jusqu'à ce que la vérité soit plus connue, à croire que ces conditions fassent partie de celles auxquelles on dit qu'il a conclu un emprunt avec la régence de Madrid, sous la garantie de M. L. Guebhard. Je ne conçois guères non plus, comment cet associé en nom collectif a pu contracter, sans lier son co-associé M. Pictet, qui pourtant a déclaré être étranger à cette opération.

disant : Je n'étais pas libre ; il respectera l'engagement contracté envers vous, mon ami :

Parce que la banqueroute laisse au front un cachet d'infamie, quelque motif qu'on lui donne ;

Parce que vous avez prêté de bonne foi, au gouvernement légitime du Roi ;

Parce qu'il est absurde de prétendre que le payement des emprunts espagnols serait un germe de révolution ;

Parce que la fidélité de l'Espagne à remplir des engagemens aussi sacrés, loin de nuire à son crédit, est au contraire le seul moyen de crédit qui lui reste ;

Parce qu'enfin, dans le cas où Ferdinand serait assez malheureux, pour écouter les conseillers impolitiques qui l'engagent à faillir, notre gouvernement peut et doit intervenir pour vous faire payer ; ce qui serait facile de prouver avec le simple secours du bon sens, et sans les sophismes, les arguties et les distinctions de nos adversaires.

— Ah ! quel bien vous me faites, mon ami ! vous m'avez presque consolé en prenant si chaudement mon parti, et vous me rassurez en vous engageant à prouver que j'ai raison.

— Comme vous prenez feu..... votre caractère revient à son état naturel ; je reconnais bien là mon optimiste ; un crêpe sombre voilait vos yeux, et déjà vous voyez tout en beau..... Il ne suffit pas dans ce monde, de prouver qu'on a pour soi la raison, il faut encore avoir les moyens de la faire triompher; si vous pouviez aborder Ferdinand VII, je vous garantirais votre payement.... Mais hélas! le poignard se fait jour au travers des flatteurs qui environnent les rois ; jamais la vérité !

— Voulez-vous donc me rendre au désespoir ?

— Dieu m'en garde... attendez, il me vient une idée.

— Dites vite.

— Imprimons notre conversation.

— Vous voulez rire ?

— L'homme aux 40 écus a bien imprimé la sienne.

— Où cela l'a-t-il mené , où cela nous mènera-t-il nous-mêmes ?

— Plus loin peut-être que vous ne pensez.

— Il faudrait pour l'espérer que notre conversation eût été mieux soignée , je ne vois pas d'ailleurs que nous ayons encore prouvé beaucoup de choses.

— Peut-être, en dirons-nous d'excellentes avant de nous quitter.

— Vous croyez donc bien sérieusement, mon ami , que notre conversation produira de l'effet ?

— Un effet extraordinaire , tellement extraordinaire que si vous vouliez doubler la dose, et acheter encore quelques petits coupons de *consolidados*, je vous conseillerais fort de vous y prendre aujourd'hui ; car si nous nous imprimons demain , je gagerais que la rente espagnole sera après demain à 80 p.^{r} $^{\mathrm{o}}/_{\mathrm{o}}$.

— Vous me plaisantez, mon ami, c'est cruel de votre part : chat échaudé craint l'eau froide ; je vous promets bien qu'on ne me reprendra pas de sitôt à acheter des rentes avant de m'être bien informé si le Roi est libre, si la constitution de l'état est vicieuse, si.....

— Je vous arrête ; à qui demanderez-vous, mon ami, si le Roi est libre, si la constitution de l'état est régulière ou vicieuse?

— Aux organes de l'opinion, aux journaux.

— En ce cas-là, mon cher, vendez bien vite votre rente française, car il est certains journaux qui vous disent que notre Charte est de la *ciguë* ; qui prêchent la monarchie pure et conséquemment la contre-révolution ; aux yeux desquels en un mot, toute charte, toute constitution est dangereuse et coupable....

— Mais lisez à votre tour les journaux constitutionnels, ministériels même, et vous verrez qu'ils font justice de ces coupables et ridicules opinions.

— Je vous y prends..... les journaux constitutionnels, les journaux ministériels même, avant la guerre d'Espagne, n'ont-ils pas défendu le gouvernement constitutionnel espagnol contre les attaques des journaux fanatiques ? Le *Moniteur*, le grave *Moniteur*, l'organe par excellence du gouvernement, n'a-t-il pas dit que « les Napoli- » tains ne devaient pas profiter de l'exemple des » Espagnols, parce que ces derniers avaient le

» *droit* d'être *bien*, qu'auparavant ils étaient *mal*,
» et qu'ils avaient pris les moyens d'améliorer
» leur sort (1)? »

— Hé bien ! je tâcherai de faire justice des exagérations des partis opposés ; je chercherai la vérité au milieu de leurs perpétuelles contradictions, et fixerai moi-même mon opinion sur la légitimité de l'état que j'aurai envie de choisir pour débiteur.

— Ainsi, mon vieux ami, les lois fondamentales des états auront autant de juges qu'il existera d'individus intéressés à leur maintien ou à leur anéantissement ; vous soutiendrez que la constitution de Cadix est dangereuse, moi, qu'elle est admirable : qui vuidera notre querelle ?

— Mais à quoi donc enfin, peut-on reconnaître l'existence légale d'un état ? Il est des lois universellement adoptées qui établissent une différence positive entre le Corsaire et le Forban ; ne devrait-il pas en être de même pour les gouvernemens ? ne devrait-il pas exister des signes certains auxquels je pusse reconnaître ceux qui sont légitimes et réguliers et avec lesquels il pût m'être permis de traiter sans péril ?

----

(1) C'est sur la foi de l'*Expectador* de Cadix que nous rapportons ce passage répété par le *Courrier* de Londres, puis par le *Constitutionnel* du 17 août 1823. Ignorant quel est le N°. du *Moniteur* qui le contient, nous n'avons pu nous-mêmes en vérifier l'exactitude.

—Oui sans doute, il est des signes certains auxquels on peut et on doit reconnaître un gouvernement; je vais essayer de vous les rappeler, et si nous établissons ensuite que celui de Ferdinand réunissait les différentes conditions auxquelles il est convenu qu'un gouvernement a une existence légale ; nous aurons bien certainement prouvé que ses prêteurs ne peuvent être évincés, puisque nos adversaires ainsi que la régence dont ils paraissent être les organes, prétendent justifier l'éviction dont ils les menacent, par l'illégitimité du gouvernement sous lequel ont été contractés les emprunts.

— C'est incontestable.

— Les peuples se sont imposé les lois intérieures qui les régissent ; ils ont soumis à des lois générales les rapports qui doivent exister entr'eux, et sont convenus des signes auxquels il devenait indispensable, pour s'entendre, qu'ils pussent se reconnaître.

L'échange d'agens accredités leur parut la marque la plus formelle, tout comme la plus naturelle de reconnaissance ; c'est pourquoi ils s'envoyèrent des agents accredités. Quand deux partis se divisent un état, les puissances voisines accréditent leurs agens près l'une des parties belligérantes et indiquent par là celle des deux qu'elles reconnaissent. C'est ainsi que, dans ce moment, la France et plusieurs autres puissances ont leurs ambassadeurs près la régence de Madrid, tandis que l'Angleterre a envoyé le sien au gouvernement constitutionnel de Cadix; c'est ainsi que la France, tout le temps qu'elle n'a pas reconnu les divers états qui se sont constitués dans le Nouveau-Monde, depuis son émancipation, n'a accrédité près de ces états aucun représentant et n'a pas voulu recevoir les leurs; c'est ainsi enfin que la Russie refuse dans ce moment de recevoir l'envoyé de la nouvelle cour de Rio-Janéiro. Il serait mal de conclure qu'on ne reconnaît pas un gouvernement, par cela seul qu'on ne lui envoie pas d'ambassadeur, ce qui arrive lorsque deux états sont en guerre, ou lorsque leur position géographique est telle qu'il n'existe pas entr'eux de rapports; mais il n'est pas possible de prétendre qu'on n'a pas reconnu le gouvernement dont on a reçu les agens, et près duquel on a accrédité les siens. Nos adversaires ne seraient admis à se refuser à l'évidence de ces raisonnemens, qu'autant qu'ils nous indiqueraient d'autres formes plus positives employées par les souverains et les états pour faire acte de reconnaissance; jusques-là il faudra bien qu'ils conviennent que le gouvernement constitutionnel espagnol a été reconnu.

— Un instant je vous prie; voici un article énigmatique de la *Quotidienne* auquel je n'ai d'abord rien compris : il y est question de forme, de principe..... et de beaucoup d'autres choses; ce que vous venez de me dire, m'en fait soupçonner le sens, et si je ne me trompe, cet article a répondu d'avance à vos derniers raisonnemens ; lisez, et voyons ce que vous répondrez à votre tour, à notre féodale adversaire.

— N'osant professer hautement qu'un gouvernement peut et doit manquer de foi, et violer ses engagemens, la *Quotidienne* qui, pourtant, voulait à toute force, que les prêteurs français fussent évincés, avait affirmé en substance, que ce qu'on appelait gouvernement constitutionnel espagnol, n'était qu'un ramas de révolutionnaires, et qu'il n'y avait pas eu de gouvernement en Espagne depuis le 7 mars 1820 : un journal sage et plus logicien que la *Quotidienne* lui promit les honneurs d'une réponse, pourvu qu'elle voulût bien s'expliquer sur la question de savoir, si un gouvernement en avait, ou non, reconnu un autre, lorsqu'il avait accrédité près de lui un chargé d'affaires et reçu ses ambassadeurs. C'est alors que parut ce fameux article, si bien foudroyé par le *Journal du Commerce* du 30 juin 1823, et par une lettre de l'un de ses abonnés insérée sur sa feuille du lendemain. Les dangers et l'absurdité de la distinction de la *Quotidienne* y sont démontrés d'une manière extrêmement heureuse ; aussi s'est-elle bien gardée de relever un gand trop lourd pour ses débiles mains.

— Comme je n'ai lu ni l'article, ni la lettre dont vous me parlez, je serais bien aise d'avoir votre opinion sur cette question.

— La *Quotidienne* distingue deux choses dans le gouvernement : le principe et la forme.

Le principe, dit-elle, c'est le Roi ; la forme, c'est la constitution. Les ambassadeurs sont accrédités près le Roi ou le principe, et non près la forme ; d'où elle conclut que la présence de notre ambassadeur à Madrid, prouve seulement que nous avons reconnu le roi Ferdinand VII, mais non sa constitution (c'est-à-dire sa manière d'être et d'agir). Puis la *Quotidienne* de dire avec un petit air triomphant : *Il est évident que le Journal du Commerce voulait nous procurer les avantages d'une réponse facile et complète.*

— Très-complète assurément ; Escobard ne l'eût pas mieux faite.

— Et peut-être cependant n'avez-vous pas réfléchi à tout ce qu'un principe semblable a de révolutionnaire ; il met tout en question, il autorise les nations à se précipiter de nouveau les unes sur les autres, et sanctionne le droit de la force. Si la présence à Paris des ambassadeurs étrangers prouve seulement qu'on reconnaît le Roi ou le principe, il s'ensuit que notre forme ou notre constitution n'est pas reconnue ; si elle n'est pas reconnue, on pourra faire avec autant de justice et un précédent de plus, contre les emprunts Corvetto, Louis et de Vilelle, les raisonnemens avec lesquels on voudrait faire anéantir les emprunts espagnols.

— Vous me faites trembler pour ma rente française.

— Et d'ailleurs, si l'ambassadeur du roi de France, si les ambassadeurs des autres cours n'étaient accredités que près de Ferdinand , pourquoi les souverains les ont-ils rappelés lors de la guerre qu'on n'a certes pas déclarée au roi , mais seulement à la constitution ? pourquoi ces ambassadeurs communiquaient-ils précédemment avec les ministres constitutionnels? pourquoi écrivaient-ils à S. Ex. le Ministre des affaires étrangères de S. M. C. Monsieur San - Miguel ? ils le reconnaissaient donc en cette qualité , ce M. San–Miguel , puisqu'ils la lui donnaient ! ils reconnaissaient donc , non seulement le principe , mais très-expressément encore la forme !

— Je vous avoue que je ne saurais , pour mon compte , rien opposer de raisonnable à une semblable démonstration.

— Hé bien ! mon ami, je veux aller plus loin. Qu'est-ce que la France , qu'est-ce que les autres puissances ont demandé d'abord à l'Espagne ?....... quelques modifications à son pacte...... l'initiative royale...... une chambre haute...... Si l'Espagne, si les Cortès moins passionnées pour leur constitution , eussent cédé aux désirs des cabinets européens , on serait en paix ; le gouvernement espagnol serait régulier , il l'aurait toujours été..... On donne donc un effet rétroactif aux causes actuelles de la réprobation dont on le frappe , ou, ce qui est la même chose, au refus qu'il a fait d'écouter des propositions ; c'est-à-dire que j'aurai mal prêté en 1820 et 1821 , parce qu'on ne se sera pas entendu en 1822, sur un point ou deux de constitution !

— Je suis parfaitement de votre avis ; mon in-térêt pour opérer ma conviction , est-il venu au secours de votre éloquence, c'est possible , mais je ne le pense pas.

— C'est peut-être de votre part, une manière honnête de me dire que vous en avez assez , et de me demander grâce ; mais n'importe , je veux pendant que je vous tiens, épuiser la matière , et peut-être aussi votre patience ; écoutez encore.

— Avec autant de plaisir que de reconnaissance, car n'espérez pas me faire oublier que c'est pour moi que vous parlez.

— Les puissances européennes ne se sont pas contentées d'échanger leurs ambassadeurs avec l'Espagne ; la plupart d'entr'elles ont reconnu son gouvernement d'une manière bien plus formelle, bien plus authentique encore ; elles ont fait avec lui des traités, soit de finances, soit d'administration ; je vous citerai parmi ces puissances, le Portugal, l'Angleterre, les États-Unis et la France elle-même.

Par convention du 3o avril 1822 (1), conclue

------

(1) L'article 3 de cette convention qui est signée par M. Gerard de Rayneval pour S. M. T. C., et par M. Joseph Noguera pour S. M. C., est ainsi conçu :

« Immédiatement après l'échange des ratifications de la » présente convention, le Gouvernement français fera re-» mettre à la personne ou aux personnes qui seront auto-» risées à cet effet par S. M. Catholique, le *surplus de la*

conséquemment long-temps après les principaux emprunts des Cortès, le roi de France qui, à cette époque, devait savoir si Ferdinand était libre ou captif, si la marche adoptée par les Cortès, était ou non révolutionnaire a mis à la disposition du roi d'Espagne et conséquemment de son gouvernement, les fonds restés en dépôt dans nos caisses, depuis les traités de paix de 1814 et 1815.

— Ainsi, en avançant qu'il n'appartient qu'à un révolutionnaire d'avoir aidé les Cortès de ses capitaux, les journaux qui se réservent si injustement le titre de royalistes, rangent le roi de France et ses ministres, parmi les révolutionnaires ; ainsi on nous fait un crime d'avoir suivi l'exemple du gouvernement qui, ayant ses ambassadeurs à la cour de Ferdinand, était à coup sûr mieux avisé qu'Antoine et moi, puisqu'il devait avoir la pensée secrète de ce souverain avec lequel il était en contact direct..... Cette convention-là, mon ami, est une excellente affaire pour moi ; si j'ai mal prêté, le roi de France a mal payé ; si l'on me fait perdre, il faut qu'il perde aussi, et paye une seconde fois ou qu'il demande grâce ; car

---

» *rente* qu'il a gardée en dépôt, y compris la somme totale
» des intérêts accumulés et composés, par lui perçus jus-
» qu'à ce jour. »

Nota. Ce surplus, sans compter les intérêts échus, arrivait à 703,019 fr. de rente, représentant un capital de 14 millions.

c'est grâce si ce n'est pas justice, et ce n'est pas justice si le gouvernement espagnol n'avait pas qualité pour recevoir et emprunter.

— Votre raisonnement est extrêmement juste quelque extraordinaire qu'il paraisse d'abord ; il en résulte, ainsi que de tout ce que nous venons de dire, que le gouvernement espagnol, quelle que fût d'ailleurs la position du Roi , était bien et dûment reconnu lorsqu'il a contracté les emprunts dits des Cortès.

— Mais est-il vrai de dire , comme l'affirment nos adversaires, que Ferdinand n'était pas libre ?

— Il faut, pour nous entendre , distinguer la liberté physique et positive de la liberté morale ou de position et de circonstance.

Personne n'est rigoureusement libre ; le commerçant dépend de ses affaires, l'homme en place de son emploi et de ses chefs, le souverain est moins libre encore que le plus simple particulier ; il dépend d'une foule de nécessités qu'il ne peut vaincre , de l'opinion qui le maîtrise à son insu. Ferdinand lui-même était-il bien libre au milieu des Jésuites, des Inquisiteurs et des intrigans de la Camarilla !.... N'a-t-on pas abusé de sa jeunesse et de son inexpérience pour lui arracher ces mesures violentes qui contrastent trop avec sa bonté naturelle, pour les croire libres ? Est-il bien émané de sa volonté, ce décret du 1.er juin 1814, où on lui fait dire *qu'il regarde comme nécessaire le châtiment de ceux qui ont cherché à renverser la constitution fondamentale de son royaume ?.....* Non, jamais Ferdinand libre n'eût dit, le 1.er juin 1814, qu'il regardait comme nécessaire le châtiment d'hommes qui venaient de combattre avec tant de courage pour relever son trône, où l'avait ramené depuis quelques jours, leur patriotique fidélité : si tant de vertus, tant de bravoure, tant de sacrifices, ne valaient aucune reconnaissance, ils valaient au moins l'oubli d'une erreur.... si leur système en était une.

Le Roi de France s'est peut-être cru forcé de donner la Charte, sous peine de voir de nouveaux malheurs accabler son peuple ; ces malheurs que craignait son imagination ont pu déterminer sa volonté. Il en est de même de Ferdinand ; il a librement accepté et juré la constitution de Cadix, puisque le 7 mars 1820, jour auquel il l'a jurée et acceptée, il était libre à Madrid ; les troupes insurgées étaient encore loin de la capitale ; il était environné de son conseil ; le duc de l'Infantado présidait encore la junte de Castille ; le marquis de Mata-Florida alors ministre de la justice, et depuis roi d'Urgel, a contre-signé le décret de convocation des Cortès ; le Roi n'a *obéi* qu'à la crainte d'attirer des malheurs sur sa tête et sur son pays ; sa volonté a été déterminée par les circonstances, comme l'est presque toujours la volonté des rois ; je pense bien que sans l'insurrection de l'armée, Ferdinand n'aurait peut-être pas encore songé à exécuter la promesse formelle qu'il avait faite le 4 mai 1814, de convoquer les Cortès ; ou , pour m'exprimer d'une manière plus juste, que ses flatteurs eussent fait de nouveaux efforts pour s'opposer à l'exécution de la promesse royale. Mais sans la marche des majorités successives de nos chambres, Louis XVIII n'aurait probablement pas songé à l'Ordonnance du 5 septembre ; au renvoi et à la nomination de cette foule de ministres avec ou sans porte-feuilles, qui se sont disputé l'administration de la France, et dont aucun n'a pu survivre à la perte de cette précieuse majorité : s'ensuit-il que ces actes sont nuls parce qu'ils ont été imposés au Roi par les circonstances et par sa position ? Il était libre de ne pas les faire et de braver les dangers dont l'aspect a fixé sa détermination ; mais Ferdinand VII aussi était libre de mettre l'épée à la main , de marcher contre les révoltés , de se placer à la tête de ses gardes, ou, s'il ne lui restait plus d'autre ressource , de chercher un asile sur un territoire ami. De deux choses l'une, ou , comme le prétendent nos adversaires , la majorité de la population espagnole déteste la constitution , et alors il était facile au Roi de faire un appel à ses peuples et d'écraser, de leurs masses, le petit nombre de révoltés qui avaient secoué le joug de l'obéissance ; et , dans ce cas, il avait la *liberté* de ne pas proclamer la Constitution , puisqu'il lui restait un grand moyen de s'opposer aux efforts de ceux qui la demandaient : ou le peuple espagnol désiroit cette Constitution , et que deviennent alors toutes les déclamations de nos adversaires, et pourquoi le Roi l'eût-il refusée, si l'armée et la nation l'eussent unanimement désirée?

Ferdinand a donc librement accepté la constitution de Cadix , et peu importe dès-lors qui, de son peuple ou de lui, ait pris l'initiative , puisque tout est couvert par la ratification mutuelle du pacte commun ; c'est ici le cas d'appliquer l'axiome si connu en justice : *volenti non fit injuria.* Cette question d'administration intérieure échappait à la compétence des puissances étrangères qui eussent autrement consacré le droit d'intervention et conséquemment celui de la force ; ces puissances le sentirent si bien qu'elles reconnurent le nouveau gouvernement , en laissant près de lui leurs ambassadeurs ; c'est pour la même raison que le Roi de France félicita Ferdinand sur le changement de son gouvernement ; c'est pourquoi le *Moniteur* donna à la révolution espagnole, cet assentiment formel dont je viens de vous parler il y a quelques instans. On a pu abuser plus tard de la position du Roi ; la constitution que je crois vicieuse sous certains rapports, a pu porter quelques fruits amers , et il faut bien qu'il en soit ainsi, puisqu'après avoir vécu trois ans en bonne intelligence avec le gouvernement constitutionnel espagnol , nous lui avons déclaré une guerre de principes; nous ferons donc à cet égard, toutes les concessions possibles à nos adversaires; mais il n'en restera pas moins vrai de dire que la constitution des Cortès, quelle qu'elle soit, a été librement acceptée par Ferdinand; aussi librement que M. de Cazes a été renvoyé par Louis XVIII; aussi librement que M. Canning, qui était réputé l'ennemi personnel de Georges IV, a été porté au ministère par ce souverain. Ce qu'écrivait, au dire du *Courrier Anglais*, M. A. de J.** au prince de M.***, prouve que ce noble comte a, sur la liberté morale des Rois, une opinion absolument conforme à la nôtre. Nos adversaires nous sauront donc gré d'avoir choisi une autorité qui ne saurait manquer de leur être infiniment agréable et d'avoir un grand poids à leurs yeux : « La puissance, » dit M. A. de J.**, est *réellement* dans la haute » noblesse (c'est de l'Angleterre qu'il parle), et » le gouvernement est une émanation de ce corps. » Tant que le Roi est l'organe des vœux et des » intérêts de l'aristocratie, il *paraît* posséder le » *pouvoir*; s'il s'opposait à l'aristocratie, il ne se- » rait *plus rien*. » Ce qui est dire en termes fort clairs que Georges IV est *esclave* de l'aristocratie anglaise. Ainsi M. de J.**, pour être conséquent avec nos journaux fanatiques, ou ce qui est la même chose avec lui-même, doit conclure à l'annulation des emprunts contractés par le gouvernement anglais; puisque, suivant lui, l'une des conditions nécessaires pour la validité des emprunts de ce genre, est la liberté du Roi, et puisque suivant lui encore, Georges IV n'est pas libre. D'après ce beau système, chaque Français aura le droit, que dis-je, ce sera pour lui un devoir, de se soustraire à l'obéissance qu'il doit aux ministres, en disant qu'ils ont été imposés au Roi par l'omnipotence parlementaire.... Comment d'ailleurs deviner si un roi est libre ou non ? qui paraissait l'être plus que Jean VI ! et pourtant, vingt-quatre heures après avoir protesté de son attachement à la constitution, ce Souverain proclame à la face du monde qu'il a été forcé de jurer ce pacte odieux qu'il a toujours eu en horreur, lors même que du haut de son trône, il lui prodiguait des éloges qui avaient toutes les apparences de la sincérité; lors même qu'il traversait les mers pour venir présider à sa rédaction.

Ferdinand d'ailleurs, s'est-il trouvé dans l'impossibilité de manifester sa volonté personnelle sur les emprunts faits en son nom ? Je ne le pense pas, et j'ai du contraire, une preuve que je crois incontestable. Plusieurs fois ce souverain a fait usage du veto que lui accorde la constitution ; si donc il n'eût pas voulu consentir ces emprunts, que ne témoignait-il son improbation par ce mode aussi simple que constitutionnel ? Mais au contraire, il a conféré des pouvoirs spéciaux aux fins de les contracter ; la volonté du Roi résulte donc, dans cette affaire, non seulement des pouvoirs qu'il a donnés, mais encore du droit qu'il avait de refuser sa sanction aux décrets des Cortès, droit qu'il a exercé bien long-temps même après la conclusion des emprunts (1) ; il eût par-là éclairé la religion des prêteurs qui, connaissant alors l'improbation de S. M., auraient pu renoncer à un traité qui n'avait pas son agrément. Et pourquoi d'ailleurs Ferdinand eût-il refusé de souscrire ces emprunts ; étaient-ils plus onéreux que ceux contractés par beaucoup d'autres puissances? La France elle-même, dans une position plus heureuse, n'a-t-elle pas subi de la part d'une maison de Londres, des conditions aussi dures que celles faites à l'Espagne, pour un emprunt plus considérable à lui seul, que tous ceux des Cortès ensemble ? Ferdinand eût-il préféré, lui, père de ses peuples, qu'on les eût écrasés d'impôts, ou que son gouvernement eût pris des mesures dont notre révolution a donné le funeste exemple! Les assignats, les confiscations, les sequestres paraissent-ils, à la *Quotidienne* et au *Drapeau-Blanc* (2), des moyens préférables à une création de rentes! 1789 a prouvé que les révolutions peuvent éclore et porter leurs fruits sans le secours des emprunts; il serait à souhaiter et non pas à craindre que cette issue leur fût laissée;

---

(1) En décembre 1822.

(2) Nous ne parlons, dans cette conversation, que de la *Quotidienne* et du *Drapeau*, parce que ce sont les seuls journaux de cette couleur qui ont conseillé la banqueroute à l'Espagne.

elles feraient moins de mal sur leur passage; vous décuplerez la force de ces torrens politiques, si vous fermez leur lit, et si vous leur opposez des digues, toujours bien dangereuses lorsqu'elles sont inutiles.

— On a pourtant prétendu que le Roi d'Espagne diminuerait le nombre des révolutions et arrête-rait leur essor, en faisant banqueroute aujourd'hui, et en rendant par-là aux révolutionnaires, les em-prunts plus difficiles.

— Il faut, à mon avis, être bien peu versé dans la connaissance de l'histoire et du cœur humain, pour se faire illusion à ce point : à qui donc es-père-t-on faire croire que les moteurs premiers de ces terribles secousses qu'on nomme révolutions, songent à la possibilité d'emprunter, et se décou-ragent en craignant de ne pouvoir le faire? Ébran-ler les masses, voilà leur but..... Ils savent bien qu'avant d'implorer les secours du crédit, il faut qu'ils se soient constitués ; qu'ils aient justifié leurs efforts par le succès ; qu'ils se soient em-parés des rênes de l'état; et quand ceux qui mar-chent à la tête des révolutions, ont la force et le gouvernement en mains, il est, si non louable, au moins fort heureux, qu'ils viennent soumettre, pour ainsi dire, leur conduite à la sanction des prêteurs, au lieu de prendre les moyens violens qui accompagnent presque toujours ces grandes catastrophes. Croit-on ailleurs que dans les ateliers des journaux fanatiques, que Riego et Quiroga songeaient aux emprunts, le 1.er janvier 1820, alors qu'ils proclamaient la constitution de 1812? Pense-t-on que cinquante banqueroutes précédentes fondées sur les motifs développés par nos adversaires, les eussent arrêtés un instant? elles n'eussent peut-être pas même arrêté les prêteurs; en effet, il suffit pour déterminer ces grands spéculateurs, qu'un gouvernement présente la probabilité d'une existence plus ou moins longue, mais qui n'a pas besoin de l'être beaucoup, pour leur laisser le temps de distribuer leurs obligations à la foule sans cesse renaissante et sans cesse renouvelée des petits capitalistes, qui s'arrache les valeurs de ce genre, et que des banqueroutes précédentes n'arrêtent pas plus que les naufrages n'arrêtent les marins.... On a relevé Lisbonne, on rebâtit sur les ruines d'Alep; si les hommes profitaient des leçons de l'expérience, ils seraient trop sages.

On pourrait même affirmer que les emprunts ne sont pas un moyen de révolution ; ils ne se font que lorsque les révolutions sont terminées et qu'en conséquence elles ont fait place au gouvernement qu'elles ont amené; un édifice qui tremble est une mauvaise hypothèque. La révolution française n'a pas plus trouvé de prêteurs que les régences d'Urgel et de Madrid, et cependant ces régences ne sont pas à la tête d'une révolution, mais bien d'une contre-révolution, fière à juste titre de l'appui de cent mille baïonnettes françaises.

— Vous oubliez donc l'emprunt Jouffroy?

— Cet emprunt, mon ami, n'a pas été placé, il fuit le jour, ne paraît pas à la bourse, n'a nulle valeur connue ; on assure même qu'hier encore, il a été offert en totalité, à une maison de banque, qui l'a refusé.

— Comment se fait-il que nos Serviles, qui se proclament si nombreux, laissent, si ce que l'on vous a dit est vrai, M. le comte de Jouffroy colporter ainsi son emprunt de porte en porte, au lieu de s'empresser d'y prendre part ?

— C'est, mon cher, parce que les écus n'ont pas d'opinion ; c'est, comme je vous le disais à l'instant même, parce qu'on ne prête ni à une révolution, ni à une contre-révolution, mais seulement à un état assis et constitué ; la Grèce elle-même, bien que sa révolution date de plusieurs années, aurait en vain recours aux capitalistes : on souscrit pour elle, on ne lui prête pas, parce que son existence comme État est encore malheureusement un problême. Depuis trois ans, la mort plane sur le berceau du génie et des beaux-arts ; depuis trois ans, égoïstes Européens, nous voyons la patrie d'Homère et de Démosthènes, d'Appelles et de Phidias, abreuvée du sang de ses enfans dont nous contemplons les héroïques efforts, comme autrefois le peuple romain applaudissait au dernier soupir du gladiateur expirant sous la dent du tigre ou sous la griffe du lion ; heureux encore que nous ne sautions pas dans l'arêne, au secours du musulman gorgé déjà du sang de cent mille victimes !

Veuillez donc m'en croire, mon ami, les partisans d'une révolution ne prêtent pas, ils donnent; ils imitent cette héroïne de la Grèce qui dit, en envoyant ses trésors pour la guerre de l'indépendance : *vivre pauvre et libre plutôt que reine esclave !*

Mais, autant les révolutions qui, recourant aux moyens extrêmes, méprisent le crédit qui les fuit, autant cette ressource est précieuse pour les gouvernemens légitimes et réguliers qui doivent se la ménager avec une prudente sollicitude, et se garder sur-tout d'en abuser.

Les emprunts en rentes perpétuelles sont, si j'ose m'exprimer ainsi, le cadastre des siècles; ils répartissent les charges du présent entre nous et nos neveux, auxquels nous léguons le soin de payer une partie des dépenses que nous faisons pour eux, et des guerres que nous soutenons pour assurer leur tranquillité; mais, s'il est juste de leur faire supporter une portion des frais d'une révolution qui les fera jouir d'un gouvernement constitutionnel, en échange de la féodalité qu'ils auraient pu recevoir de nous en héritage, comme nous l'avions reçue de nos pères; s'il est convenable qu'ils contribuent au payement de ces ponts, de ces routes, de ces monumens que nous construisons pour eux, il serait injuste de leur léguer nos folies à payer.

Ferdinand se rappellera, sans doute, que c'est avec le crédit, que l'Angleterre a renversé celui qui eût conquis l'univers, si les mers n'eussent pas opposé à sa marche une barrière insurmontable. C'est encore avec le crédit, que la France s'est allégé, en 1818, des amis qui pesaient sur son sol humilié ; c'est avec le crédit, que nous faisons la guerre à l'Espagne ; c'est au crédit que Ferdinand devra de se trouver reporté au 4 mai 1814 ; heureux, je crois, s'il ferme l'oreille aux conseils qu'il suivit alors, et dont il doit sentir aujourd'hui toute la perfidie ! Et ce souverain renoncerait à ce moyen précieux de salut qui, peut-être, est dans ce moment le seul qui lui reste !..... Car ce serait, à coup sûr, y renoncer, que de débuter par une banqueroute ; il faut toute la démence de la passion pour avoir osé avancer que l'Espagne compromettrait son crédit en acquittant les emprunts faits par elle depuis 1820.

J'ai entendu dire que la banque de France paye, au porteur de bonne foi, un billet qu'elle sait être *faux*, de crainte d'alarmer par un refus, juste mais imprudent, les porteurs des véritables billets ; et la banque, à mon avis, a raison : en payant ce qu'elle ne doit pas, elle augmente son crédit de dix fois autant qu'elle diminue sa fortune. Mais qui osera prêter à l'Espagne, au moment où elle proclamera la nullité de ses emprunts ?

— Ce ne sera certainement pas moi, je vous l'assure ; car demain le système nouveau peut être renversé, et, pour le système du jour, le système de la veille est toujours monstrueux et révolutionnaire ; le langage de la régence de Madrid fera

axiôme : l'Espagne passera pour un État sans foi,
qui subordonne à un système, l'exécution d'un engagement.

— Cela est très - vrai , et ce qui ne l'est pas
moins , c'est qu'on pourrait , sans aller trop
loin , prétendre que l'Espagne a un intérêt
pécuniaire à payer. Ses finances sont dans un état
tel, que pour assurer le remboursement de l'ancienne dette publique, et combler les vides du
trésor , elle devra grever son grand - livre de
5o millions de rente au moins. Si, par sa fidélité
à remplir ses engagemens , elle gagne la confiance
des capitalistes, elle peut raisonnablement espérer de placer sa rente à 75 p. °/₀ , ce qui lui donnerait 75o,ooo,ooo

Si , au contraire , elle emprunte
sous le blâme d'une banqueroute ,
j'oserais parier qu'elle obtiendrait
à peine 5o p. °/₀ , et conséquemment 5oo,ooo,ooo

Elle gagnerait donc à ce calcul   25o,ooo,ooo ^{f}

Ce qui suffirait, et au-delà, pour racheter tous
les emprunts contractés par les Cortès.

— Voilà qui est magnifique , mais hélas ! ce n'est
qu'une hypothèse.

— Sans doute , mon ami , mais cette hypothèse
est extrêmement vraisemblable ; car j'ai supposé
une différence de 25 p. °/₀ seulement , dans ce
placement de *rente :* différence qui ne vous paraî-
tra nullement exagérée, si vous vous rappelez que

nos fonds ont éprouvé des variations bien plus considérables ; si vous comparez les 5 p. % des divers états, entre la valeur actuelle desquels, il existe des différences plus notables que celles que représente mon double calcul : différences qui tiennent au crédit des gouvernemens, plutôt qu'à leur solvabilité. L'Angleterre, par exemple, offre une hypothèque moins certaine que la France ; sa dette est infiniment plus considérable, et pourtant ses rentes sont beaucoup plus élevées que les nôtres. Que l'Angleterre ouvre aujourd'hui un emprunt de 5 p. %, elle trouvera des souscripteurs à 105 ou 106 p. % ; qu'elle fasse demain une cathégorie dans sa dette et élimine quelques-uns de ses créanciers sous les prétextes fournis à la régence de Madrid par ses officieux admoniteurs, ou sous tels autres qu'il lui plaira, et qu'elle emprunte ensuite après s'être ainsi enrichie des dépouilles d'une partie de ses créanciers, on verra s'il n'existera pas une différence de plus de 25 p. % entre ces deux opérations ; on verra si l'Angleterre riche de probité ne sera pas préférée à l'Angleterre riche de banqueroute.

Oui la franchise, la loyauté, la bonne foi, doivent être les seuls guides des gouvernemens ; cette vérité n'est pas universellement avouée ; certains politiques veulent faire prévaloir la ruse, la finesse et les restrictions mentales; ils ont tort : ces moyens détournés leur serviront quelquefois, leur nuiront plus souvent et les déconsidèreront toujours. Or, je le demande, y aurait-il franchise, loyauté et bonne foi de la part de l'Espagne à refuser le payement des emprunts contractés par elle, les années précédentes! Ferdinand ne préfèrera-t-il pas la noble fierté d'un roi qui respecte ses engagemens *quand même*, à l'infâme fin de non-payer qu'on lui propose !.... Si ce souverain veut jeter un coup-d'œil sur l'histoire, tableau fidèle où se dessinent les Grands dans leurs véritables proportions, il y puisera des leçons préférables à celles que lui expédient nos jésuites à face hypocrite ; il se rappellera que les actions des hommes restent écrites sur leur front, et que si le palais des rois est impénétrable à l'œil, leur tombe est de verre.

— Je pense maintenant, avec vous, que le gouvernement constitutionnel espagnol a été régulièrement et authentiquement reconnu ; que Ferdinand avait le degré de liberté nécessaire pour empêcher la conclusion des emprunts des Cortès, si telle eût été sa volonté ; que les emprunts en général ne sont pas comme on l'a prétendu, un moyen de révolution ; qu'en faisant banqueroute, l'Espagne tuerait son crédit ; que la bonne foi, la loyauté et même son intérêt lui font un devoir sévère de remplir ses engagemens : mais si, malgré toutes ces raisons, le nouveau gouvernement venait à marcher sur les erremens de la régence, et comme elle, à proclamer la banqueroute !

— Il vous resterait encore, mon ami, une puissante ressource dans l'intervention de notre gouvernement ; intervention que lui prescrivent la justice et son intérêt ; en effet, le gouvernement français se trouverait, ce cas échéant, dans une bien singulière position ; de deux choses l'une, ou il ignorait que Ferdinand était captif à Madrid, et alors vous avez bien pu l'ignorer vous-même, vous qui n'aviez pas d'ambassadeur près de lui ; ou le gouvernement français connaissait l'oppression sous laquelle on prétend que Ferdinand gémissait, et alors pourquoi applaudissait-il à cette oppression, par la présence de son ambassadeur ? pourquoi traitait-il avec ceux que nos fanatiques nomment avec tant de courtoisie, les geoliers et les bourreaux de Ferdinand ? il y aurait eu de la part du ministère français, déception, mauvaise foi et crime de lèse-majesté.... Ce ministère ne saurait condamner les conventions faites avec un gouvernement qu'il a reconnu, avec lequel il a traité lui-même (1) : il ne saurait blâmer des emprunts con-

---

(1) On a prétendu que le Gouvernement français avait manifesté l'improbation dont on dit qu'il a frappé les emprunts espagnols, en refusant de laisser coter officiellement le cours des valeurs qui les représentent.

Il me serait facile de faire ressortir la fausseté de cette conséquence, mais je me bornerai à dire à l'auteur de ce petit raisonnement : si ces emprunts étaient désapprouvés par le Gouvernement, s'il les croyait coupables, quand devait-il manifester son improbation ?... avant sans doute qu'ils fussent conclus ; pendant tout le temps qu'ils ont été pu-

sentis en faveur d'un État, à la disposition duquel il a mis des capitaux dont il était dépositaire....... S'il croit avoir régulièrement traité, régulièrement payé, il convient par ce fait, que vous avez bien prêté vous-même, et si la justice est pour vous, il vous doit protection ; s'il vous abandonnait, ce qui est impossible, que vous répondrait-il, quand vous lui diriez :

J'avais un bon débiteur, vous lui faites la guerre ! vous me faites contribuer à cette guerre, c'est-à-dire que vous me prenez une portion de ma fortune pour me faire perdre l'autre.... vous êtes plus généreux avec vos ennemis..... et j'en trouverais moi-même difficilement de plus cruel que vous ; si vous renversez le gouvernement constitutionnel qui me payait, avisez donc aux moyens de me faire payer par son héritier.... brisez les chaînes de Ferdinand...... mais ne déchirez pas ses contrats...... Vous garantissez aux généraux ennemis non seulement leurs honneurs, leurs emplois, mais en-

---

bliquement discutés à Madrid ; mais avant la conclusion de ces emprunts, les prêteurs ne pouvaient deviner si on laisserait ou non coter des valeurs qui n'existaient pas encore : considérer maintenant comme une improbation de la part du Gouvernement, son prétendu refus de laisser coter ces bons ; c'est prétendre *qu'il n'a pas voulu*, quand il en était temps, empêcher la conclusion de ces emprunts, afin de se ménager l'infernal plaisir de les blamer alors que les prêteurs ne pourraient plus revenir sur leurs pas ; ce qui est aussi absurde que machiavélique.

core le payement de leur arriéré sur le trésor français, et vous souffririez qu'on me fît banqueroute! il me semble qu'il serait bien plus juste de me garantir mon payement à moi, qui, loin de vous faire la guerre comme Ballesteros, vous aide à la faire.... N'est-ce point assez d'avoir épuisé nos coffres et versé le sang de nos enfans pour cette lutte, faut-il encore qu'elle soit pour la France, la cause d'une banqueroute de deux cents millions!

—Tant mieux, dira sans doute *la petite faction bigote et servile*, ce sera huit ou dix mille libéraux ruinés, de plus.

—Tant pis, dira au contraire un gouvernement sage et paternel; ce serait dix mille contribuables de moins et dix mille mécontens de plus.

— Vous croyez donc que le gouvernement du Roi me protégera?

— N'en doutez pas.

— En dépit de la *Quotidienne* qui prétend que ce serait par là s'immiscer dans l'administration intérieure de l'Espagne?

— La *Quotidienne* vous la donne belle, mon ami, est-ce que je m'immisce dans les affaires de mon débiteur en l'engageant à me payer? est-ce que la France s'immiscera dans les affaires de l'Espagne, en lui disant : je vous ai prêté, assurez mon remboursement? est-ce que nos amis et alliés se sont immiscés dans nos affaires, non seulement quand ils ont stipulé les intérêts de leurs sujets créanciers de la France, mais encore quand ils nous ont fait si durement compter le tribut des vaincus ? plus généreux qu'eux , nous faisons la guerre d'Espagne à nos dépens ; mais c'est assez, je pense, et ce serait pousser le désintéressement trop loin que de consentir l'abandon des sommes que nous lui avons prêtées, et qu'elle rougirait sans doute de ne pas nous rembourser. On verra si l'Angleterre qui a tout gagné à la révolution espagnole, craindra de s'immiscer dans les affaires de la péninsule, en stipulant ses intérêts ! Il serait par trop plaisant que Ferdinand VII rayât de son grand-livre les prêteurs de Paris pour y laisser ceux de Londres, et traitât plus mal la France qui est allée à son secours , que l'Angleterre qui a vendu à son gouvernement constitutionnel, une bénévole neutralité, moyennant de fortes sommes payées à titre de dédommagement pour pirateries exercées contre le commerce anglais sous pavillon espagnol.

— Oui, j'en accepte l'augure, les emprunts de l'Espagne constitutionnelle seront fidèlement payés. Adieu, je rentre au sein de ma famille, infiniment plus calme que je ne l'étais il y a quelques instans ; je vais consoler Antoine qui a montré plus de résignation que moi au malheur qui semblait nous menacer de si près, et dont j'ai eu la faiblesse de me croire presque atteint ; je n'attristerai plus ma femme ni mes enfans par l'aspect de cette figure sinistre qui a si vivement alarmé votre amitié ; bien rassuré maintenant contre la banqueroute dont on m'avait fait peur, je vais reclasser Ferdinand VII parmi mes bons débiteurs, et remettre à côté de mes inscriptions françaises, mes chers *consolidados.*

— Je vous conseille d'y piquer cette note, que je puis appeler, avec assez de vérité, le squelette de notre conversation (1).

---

(1) *Note à piquer aux certificats de rente espagnole de mon ami.*

Un gouvernement a qualité pour contracter, quand il est reconnu par les puissances voisines, et sur-tout quand il a traité avec elles.

Or, le gouvernement constitutionnel espagnol a été reconnu par les états européens, et a traité avec plusieurs d'entr'eux :

Donc, il avait qualité pour contracter quand il a emprunté; donc ses emprunts doivent être maintenus.

Ferdinand qui avait pu ne pas jurer, le 7 mars 1820, la constitution de Cadix, pouvait, au moyen du veto suspensif que lui accorde cette constitution, protester contre les emprunts contractés en son nom;

Il ne l'a pas fait :

Donc, il les a librement acceptés.

Un homme d'honneur respecte ses engagemens ;

Un Roi est nécessairement un homme d'honneur :

Donc, le roi Ferdinand, quels que soient les changemens qui puissent survenir dans son gouvernement, remplira les siens, et payera les emprunts faits par ses ministres avec ses pouvoirs.

Nota. Nous espérons que nos adversaires ne contesteront pas la mineure de ce dernier syllogisme.

— Soyez certain que je n'y manquerai pas......; Encore un mot, je vous prie, avant de nous séparer. Ne vous semble-t-il pas, comme à moi, que nos adversaires tombent dans une étrange exagération, en confondant un changement de système, sous la même dynastie, sous le même roi, avec une révolution complète, comme la nôtre, par exemple.

— Ils tombent dans une erreur égale à leur injustice ordinaire ; et, puisqu'ils prétendent justifier la banqueroute qu'ils conseillent par l'odieux qu'ils jettent sur cette constitution, ce ne sera pas sortir de la question que de vous en dire quelques mots.

Que lui reprochent ses plus implacables ennemis ? Un très-petit nombre de jugemens et d'exécutions politiques, toujours déplorables sans doute... Mais eux-mêmes sont-ils purs de sang ? ont-ils oublié le traitement qu'ils ont fait subir aux membres des Cortès, restés fidèles à leurs sermens et coupables de ce seul crime, sans doute, puisque Ferdinand était captif quand ils proclamèrent la constitution ?....... Ont-ils oublié le sort des Lascy, des Porlier, des Renovalès, des 17 pendus de Valence, et de tant d'autres ! Les Cortès cependant avaient des vengeances à exercer, et les prisons leur ont suffi ! Elles n'ont pas converti les couvens en cachots ; elles n'ont pas peuplé les galères des plus illustres de leurs ennemis ; elles n'ont pas, comme le bienheureux Torquemada, brûlé vives 601 victimes humaines par année, c'est à-dire, plus de deux par jour (car l'inquisition ne *travaille* ni fêtes ni dimanches), je ne parle pas des contumaces brûlés en effigie , non plus que des malheureux condamnés à la prison ou aux galères, dont le nombre, sous le règne de cet illustre patron de l'inquisition qu'on rappelle à grands cris, s'est élevé, année commune , à 5,727, seize par jour à-peu-près ; elles ont, il est vrai, commis ainsi que nous, le crime impardonnable d'écraser le ver monacal qui rongeait le sol de l'Espagne, comme autrefois celui de la France ; elles ont voulu abolir les priviléges et rétablir l'égalité devant la loi ; mais, puisqu'en cela les Cortès n'ont fait que suivre notre exemple, la justice veut que la France se réserve une bonne part des injures et des malédictions que vomissent contr'elles nos journaux fanatiques.

Les amis de la constitution de Cadix ont combattu pour leur roi ; les Serviles ont trompé sa jeunesse.

Les premiers ont relevé son trône ; les seconds ont ouvert les bagnes à ses défenseurs.

Arrosée du sang des uns, la Péninsule est devenue le butin des autres.

La constitution , en retrempant le caractère national, a arraché l'Espagne à un sommeil de deux siècles ; le servilisme l'a replongée dans son ancienne léthargie.

Le premier système divise le pouvoir entre le

monarque et la nation ; le second le laissait aux Urgate et aux Mata-Florida.

La constitution est un contrat entre le prince et son peuple ; le servilisme était un bail à ferme au profit des intrigans de la Camarilla.

L'une consacre la liberté d'écrire, l'autre laisse à peine celle de penser.

L'Espagne constitutionnelle a résisté au vainqueur de l'Europe, l'Espagne asservie s'est laissé successivement dépouiller de toutes ses possessions (1).

Supposons cependant que la comparaison ne soit pas à l'avantage de la constitution espagnole, ou-

---

(1) Il faut envoyer des armées dans nos colonies pour y défendre quelques points de la lisière maritime.

Après de longues boucheries et des expéditions gigantesques, Venezuella, la Nouvelle-Grenade, Carracas sont encore en feu ; les vastes contrées de la Plata et du Chili ont cessé de nous appartenir ; l'intérieur du Mexique est en proie à des aventuriers qui font la guerre pour leur compte ; des flibustiers tentent de s'emparer du Texas ; les Russes s'établissent dans la Californie.

Les Portugais ont pris Monte-Video, sans daigner déclarer la guerre ; les États-Unis demandent les Florides que nous ne pouvons ni leur céder, ni leur disputer ; les Anglais, dit-on, mettent leur alliance au prix de l'île de Cuba, unique possession qui nous reste.

(*Extrait d'une lettre, du* 30 *décembre* 1819, *du correspondant du Constitutionnel à Madrid.*)

4..

blions que cette constitution a reçu l'approbation des souverains de l'Europe, et notamment de l'Autocrate de toutes les Russies, qui avait précédemment aussi reconnu le roi Joseph, ne lui tenons nul compte de son origine, des circonstances qui ont donné lieu à sa naissance ; on devra seulement dire, si on ne veut être que juste, que cette constitution est imparfaite, qu'elle a tel ou tel défaut, tel danger, tel inconvénient, que tel autre système lui est préférable ; mais comment pourra-t-on justifier toutes ces horribles imprécations, toutes ces dénominations plus atroces les unes que les autres dont ses ennemis semblent l'accabler sur son lit de mort, afin d'obtenir plus facilement, sans doute, la ruine des prêteurs du gouvernement espagnol. Il faut avouer que cette pauvre constitution a été en butte à des vicissitudes bien extraordinaires.

Sa pierre qui a brisé l'épée de Napoléon, est brisée à son tour par la croix du Trapiste.

Composée après cinq années de méditations, d'élémens recueillis en grande partie dans les vieilles constitutions de la Castille, de l'Aragon, de la Catalogne et de la Navarre ; elle est poursuivie comme une nouveauté révolutionnaire.

Rédigée par la junte centrale sur les mémoires des chapitres, des évêques, des tribunaux et des municipalités; Mosen Anton et le comte d'Espagne la représentent comme un monstre enfanté par des Carbonari et des Catilina modernes.

Intolérante au point de proscrire toute religion autre que celle de l'état, ses ennemis l'accusent d'impiété et d'athéisme.

Trop démocratique, trop restrictive du pouvoir souverain ; elle s'est privée des droits exhorbitans attribués aux anciennes Cortès de la monarchie (1).

Saluée d'enthousiasme en 1812 par presque tous les souverains de l'Europe, alors qu'ils tremblaient devant un homme ! elle est honnie par eux aujourd'hui que cet homme dort sous les saules de S.te-Hélène.

Foulée aux pieds le 4 mai 1814 par Ferdinand VII qui lui devait son trône ; elle s'est vue proclamée de nouveau par lui le 7 mars 1820, alors qu'il craignait de le perdre.

Triomphant naguères de son injuste et puissant agresseur, elle va bientôt expirer sous le fer du roi de France dont elle a renversé l'ennemi.

---

(1) Les anciennes Cortès faisaient la guerre et la paix, disposaient de la force armée, frappaient des impôts et nommaient les officiers chargés de les lever.

FIN.